속삭이고 싶은 것들

속삭이고 싶은 것들

| 1쇄 발행 : 2021년 7월 30일
| 지 은 이 : 김보현
| 발 행 처 : 국제문학사
| 등록번호 : 2015.11.02. 제25100-2015-000083호
| 주   소 : 서울특별시 광진구 광나루로 15길 41(군자동)
| 전   화 : 070-8782-7272
| 전자우편 : E-mail kims0605@daum.net
| ISBN   : 979-11-89805-16-6   03810

값 10,000원
잘못된 책은 본사나 구입하신 곳에서 바꿔드립니다.
ⓒ 2021. Printed in Seoul, Korea

국제문학시선 28

속삭이고 싶은 것들

김보현 제6시집

국제문학사

저자의 말

제6집을 내면서

  이슬을 기다리는 들풀처럼 어쩌면 우리도 그와 같다. 은총의 날을 기다리며 지금의 현실을 온갖 수고로움을 앞세워 참고 또 참으며 살아간다. 여기에 기묘한 비밀이 있다.
  매일 시를 쓴다고 엎드려 보지만 막상 시집을 준비할 때면 갈등이다. 그래도 컬렉션 하여 제 6집을 낼 수 있음도 행복이다. 오고 가는 수많은 인연과 사연들로 인하여 복잡한 현대인의 정신구조는 매우 복잡해지는 요즈음이다.
  내게도 동일한 현실을 묵과할 수 없고 그냥 보낼 수 없어 가슴앓이를 하며 살아가지만 보이지 않는 것들로 미래를 열어 가야 하는 내게는 그것들로 인하여 매일의 순간이 은총의 길을 열어 시어들을 만나게 한다.

살아가는 것이 항상 섬김의 실천을 위해서이지만 지난 2년은 조금은 특별했다. 요양원 운영을 마감하고 다시 무엇인가를 준비한다. 호흡을 하고 있을 때에 흔적하나를 남기기보다는 누구에겐가 남은 사랑을 전함으로 인해서 위안과 평안, 그리고 자유를 얻게 하기 위한 작은 사랑의 실천이라고 할까!
 모든 것들로 주어진 숙제를 푸는 마음으로 섭리 속에 은총의 길을 열어 간다. 아직, 가슴에 남은 것들을 나누고 싶을 뿐.
 자꾸 작아지는 우리 인생의 싸이클, 현실의 거센 압박으로 인하여 너무 주눅 들지 않기를 소망해 보면서, 남은 날을 열정으로 행복한 꽃을 피워 가기를 앙망해 본다.

2021년 6월

청음 김 보 현

목 차

저자의 말   4
김보현 시인의 작품세계 - 김성구 -   104

1부 · 가고 오는 사랑

가고 오는 사랑	12
거기 그 자리	13
계속되는 프러포즈	14
그게 첫 사랑이었음을	16
그냥 말 할 것을	17
그냥 벗으로 남으면	18
그냥 오늘이 좋은 것을	19
그리움의 비상구	20
기다림은 능력	21
기다림의 행복	22
꿈은 머물러 있고	23
나랑 다시 꿈을 꾸세	24
낙엽 따라 가는 사랑	25
남아 있는 로맨스	26
남아 있는 에너지로	27
남은 사랑으로	28
내게 남은 그리움	29
널, 데려가고 싶다	30
눈이 올 때면	31

2부 • 마음을 담은 꽃다발

다시 시작이다	34
당신만 있으면	35
당신을 만난 후로	36
당신이 그 사랑	37
당신이 그 사랑인가	38
돌아오지 않는 것들	39
떠나가는 것들	40
떠난 님의 모습으로	41
마음에 오는 신호들	42
마음으로 전해지는 것으로	43
마음을 담은 꽃다발	44
머문 그리움을 이어	45
머물고 싶은 곳	46
무너지지 않는 길	47
무엇으로 행복한가	48
무엇을 하려는가	49
무엇하러 왔는가	50
벗 하나 찾으면	51
벗이 그리운 가을	52
보내지 않았는데	53
보낸다고 했는데	54
봄	55

3부 • 속삭이고 싶은 것들

봄비는 사랑인가	58
빗속의 여인	59
사랑 신고서	60
사랑이 머무는 시간	61
사랑한다고 하기에	62
사연 깊은 추억의 출구들	63
사연을 품은 구름	64
세월의 강	65
세월의 정거장	67
소낙비 사랑	68
소중한 인연들로 새 아침을	69
속삭이고 싶은 것들	70
숲 속 밤	71
스쳐가는 인연들	72
아무도 모르는 거야	73
아직 담을 그릇으로	74
안녕, 내 사랑	75
앞산 뻐꾸기	76
얼굴 살짝 내밀고	77
열어가는 미래	78
영혼의 닻을 펴	79
영혼의 등불을 켜	80

4부 · 그 한 사람을 만나

오늘은 그리움으로	82
오늘의 행복	83
오월의 행복	84
이대로 가려는가	85
인생 마켓팅	86
잊을 수 없는 것들	87
자족의 비법으로	88
지금 머문 자리	89
지금이 보물과 같아	90
지나가는 기회	91
채워야 할 당신의 향기	92
첫 눈 내리면	93
청소되어야 할 것들	94
초콜렛 같은 인생	95
편지는 계절을 전달하고	96
하늘의 신호들	97
항구의 아침	98
그대랑 함께 할 수 있다면	99
항해의 은총	100
황금빛 태양의 신비	101
우리가 사랑한다는 것은	102
그 한 사람을 만나	103

1부

가고 오는 사랑

가고 오는 사랑

멈출 것 같지 않은 시계도
고장이 나면,
순간에 멈춰지고 말 듯
사람의 수명은,
그 누구도 예측을 못 한다

가는 벗이 있으면
다가오는 인연도 있기에
만나는 인연들로
다시 사연을 만들어 간다

이별은 또 다른 만남이지만
보내는 가슴엔,
눈물로 메워지는 순간이다

아직 남아 있는 친구들,
쌓여진 우정의 꽃을 피워
선한 흔적 하나 남기자.

◇사람과의 이별이 가장 큰 고통이다. 살면서 피할 수 없는 것도 행복이기
도하지만 가끔 가슴에 떠오를 때에 따스한 시간들을 갖자.

거기 그 자리

지나면서 남긴 흔적 하나하나
어떤 것은,
설레임을 갖게만 한다
못다 채워진 가슴에는
기다림만이 향수를 달래어
벗으로 남아 있다

훌쩍 커진 마음의 나무는
그 자리에 남아
첫 사랑의 문을 연 후
추억의 흔적을 먹고 자라서
열매로 가득하다

스쳐 지나온 골목들 사이에
남은 사연 한 잎으로
지금의 나를 만들 수 있음은
내게 준 선물이다.

◇추억으로 미래를 열어 갈 수 있는 것도 큰 은총이다. 행복의 문을 열어
보기 위해 동분서주하는 우리들, 심장이 뛰고 있는 한 그곳에 이를 수 있다.

계속되는 프러포즈

내 가슴에 남은 사연들을
더 줄 수 있어,
그대에게 프러퍼즈를 보낸다
하고 싶은 말은 쌓였으나
아무 곳에 열 수 없어
새벽에 묶은 보자기를
보내고자 한다

우리, 지금의 심장소리 들릴 때
보내진 보자기의 끈을 풀어
함께 기뻐하자
함께 행복하자

너를 만난 후부터
몽실몽실 피어 오른
아기 민들레꽃 향기 맡으며
꿈 속 비단 위를 걷는다

열려질 내 진솔한 마당 위에
흰 드레스 휘날린 모습
더 빛나게 하겠다.

◇영혼과의 화합을 이루고 싶은 게 참 많다. 그것으로 삶은 더 살이 찌면서
영글어 가게 한다.

그게 첫 사랑이었음을

만나고 보낼 때마다
그게 첫 사랑이었을 만큼
온 맘을 다 했는데,
그것을 알지 못해서일까
항상 텅 빈 가슴이다

머물지 못하여 떠나는 것으로
시려진 가슴엔,
항상 기다림의 연속이다

아침의 태양을 볼 때까지
깊은 우물에서 퍼 올리는 샘물로
함께 속삭일 사랑은,
저 멀리에만 있는가 보다.

◇삶의 의미를 주는 것은 사랑할 때이다. 그 대상이 누구이든 가슴에 사랑의 잉크가 마르지 않도록 영혼 관리를 잘 해야 한다.

그냥 말 할 것을

보내고 난 뒤에야
후회하는 것들이 남아
가슴을 에이게 한다

미안하다고 할 것을
사랑한다고 할 것을

그 작은 자존심 때문에
깊어진 거리감으로
멀리 떠나 간 벗들

수많은 세월 동안을
배우고 가르친 지혜들을
실천하기만 하면,
무너지는 가슴보다는
훨씬 더 좋은데
어즈버, 불쌍한 나여!

◇떠나간 벗을 다시 만나기란 쉽지 않다. 눈빛을 나눌 수 있을 때에 더 멀리 여행을 함께 할 것을 모색하여 어깨동무 할 수 있어야 한다.

그냥 벗으로 남으면

스쳐 지나 가버린 사연들,
어쩌다 기억의 항아리에 남아
둥지를 튼 게
행복의 마당을 이뤘다
쭉정이 된 것은
바람처럼 떠나갔고
알곡된 것만이
지금을 노래하게 한다

그대를 만남으로 인하여
호흡하는 순간마다
아침 공기를 마시는 것만큼
기쁨의 연속이었다

지금, 이름을 기억하면서
영혼의 거울에 그려진 얼굴로
보고픔이 있을 때,
그냥 벗으로 남아 있으라.

◇품어진 것으로 벗을 삼아 행복의 끈을 이어가는 우리들, 가겠다는 것은 보내면서 알곡과 같은 것으로 영원의 아침으로 이어가자.

그냥 오늘이 좋은 것을

세월의 무게와 속도가 느껴질 때면
하루하루가 더 소중해지나보다
아침 햇살을 금방 맞이했는데
금세 아침을 알리는 신호를 맞는다

그러한 이유여서일까
오늘이라는 시간이 너무 소중하다

기다리는 사람과 일거리들,
해야 할 일과 만나야 할
인생이 있다는 게 너무 좋다

그러한 이유로 매사에 정성과 성실로
맞이하고 보내는가보다

하루에도 셀 수 없는 생명이 굿바이다
이런저런 이유들이 다 있다
언젠가는 거기에 포함될 우리들,
오늘을 감사로 맞이하고 보내자.

그리움의 비상구

쌓인 눈은 기온이 올라가면 녹아
알맞은 곳에 스며들어 가지만
사람의 그리움은 계속되어
가슴을 녹여 영혼 속에 남는다

혼자만이 걷고 싶어도
항상 따라다니는 벗의 그림자가
내 심장을 붙잡는다

잡힌 심장의 열기로 옷을 벗으면
어느새 님의 손은,
헐거워진 나사를 조이듯이
내 영혼의 끈을 붙잡아 버린다

이대로 살 수 없다고 해봐도
그게 인생이라면서,
가던 길을 계속 가라고 한다.

◇하나가 해결되어도 여전히 남아 있는 것들이 도전과 흥분의 연속이다. 그 중, 그리움의 해결이 가장 큰 숙제다.

기다림은 능력

기다림으로 오는 게 많다
이 기대치가 없다면 소중하게 여겨지지 않아
주어지는 것도 모른 채 스쳐간다

기다림,
이는 인내의 수고의 과정이다
타향에서의 수고로움도
오직 열매를 얻기 위함이며,
사랑의 고통도 행복의 아침을 열어
새 둥지를 틀기 위함이다

하늘을 볼 수 있는 날까지
소망 중에 열망하는 것들을 품자
이 하나로,
모든 수고로움도 위로를 얻어
새 아침을 맞이할 수 있어서다.

◇오늘을 인내하며 살아야함은 더 나은 행복의 문을 열어가기 위해서이다.
이게 없으면 살 이유가 없다. 큰 소망 중에 열심을 다 해 살아가자.

기다림의 행복

계절은,
사람들의 마음을 담고 있어서일까
인연과 사연을 엮고
아름다운 열매들을 맺어
또 다른 행복을 누리게 한다

마음 밭에 심어놓은 것들로
함께 나눌 벗이 있다면
기다리라는 것이다

흘러가는 세월 속에
그 하나의 사랑을 기다림은
행복한 비밀이며 신비다
이것으로 모든 것을 대신한다.

◇기다림은 인생의 소망이며 아름다움이다. 성공과 행복을 기다리는 것이 가장 큰 비밀이며 행복이다.

꿈은 머물러 있고

큰 물줄기를 만나기 위해
냇물 졸졸졸 흐르고 흘러가면서
굴곡진 곳을 만나지만
필요한 곳에 멈추어
머물기도 하고 흘러가기도 한다

세월 속에서 만나는 파고들,
파쇄가 되기도 하고
산을 넘어 가는 구름처럼
사뿐한 걸음으로
흔적을 잊은 채 넘어야 하는 인생

소망했던 것들이 이뤄지기 까지는
눈을 감을 수 없어
가슴으로 오는 공기에 눈을 맞춰
그로 벗을 삼아,
꿈꾸는 삶을 열망한다.

◇영성을 가진 우리들, 1차적 욕구를 뛰어넘어 이뤄야 할 게 많아 가끔은 가슴앓이를 하지만 그럼에도 행복한 것은 꿈이 있어서다.

나랑 다시 꿈을 꾸세

한 시대를 함께 살아가면서
공감하는 것들로
넘어야 할 산과 강을 건너
감동으로 이어질 터널을 지나,
행복의 둥지를 만날 것에
설레게 하는 계절입니다

그대 벗이여,
영원하지 않다는 것을
선조들을 보면 알 수 있듯
우리가 누리는 세월의 밭을 거닐며,
돋아나는 새싹과 열매들로
용기와 소망을 가지면 좋겠습니다

아직, 따스한 피가 흐를 때
더 깊은 사연들로
감격을 담을 바구니를 채워
영원의 아침으로 가면 좋겠습니다.

◇홀로 살 수는 없기에 함께 할 벗을 찾고 만날 때 더 깊은 생을 누린다.
단 한 번의 생애에 진리를 나누고 자유를 누릴 벗은 꼭 있어야 한다.

낙엽 따라 가는 사랑

봄부터 시작된 사랑이
잘 익어 가는 듯 했는데
초겨울의 바람으로
힘없이 떨어지는 낙엽처럼
멀어져만 간다

흘러가는 시간이 아까워
오솔길을 걸으며,
너무 깊은 것을 기대했고
마음을 쉽게 공개해서였을까

알 수 없는 마음속이어서
애타는 가슴은,
한겨울처럼 시려만 간다

떨어진 낙엽을 엮고 엮어
인생도 이와 같으니,
마음을 다시 포개보자고
대나무 사이 길에서
꼭 한번만 말해 주고 싶다.

남아 있는 로맨스

따스한 피가 흐르는 동안은
로맨스의 날,
샘솟는 언어들을 이어 가
연(鳶)에 매달아
하늘에 다다르게 할 만큼
속삭이고 싶은 벗들

밤하늘의 별만큼 빛날
고운 생애를 빚어
가슴 뛰는 삶을 잇겠다

네게로 갈 수만 있다면!

◇진정한 사랑은 나눠 줄 때에라야 소유된다. 아무리 실천해도 후회하지 않는 것이기에 가슴을 열어 생명의 에너지를 퍼 나른다.

남아 있는 에너지로

다 이뤄보지 못한 사랑은
남은 에너지를 더 확장시켜
기다리게 함은,
그게 살아갈 힘이어서다

날아가는 세월은
가슴을 식히는 것 같지만
뿌려진 씨앗은,
깊게 뿌리를 내려
열매 맺힐 날을 기다린다

영혼에 고여 있는 샘물은
누구에겐가 나눠줄 때
더 깊은 곳에서 솟아나듯
항상,
설렘으로 기다리는 사랑이다.

◇기다림이 있다는 것은 소망이 남아 있어서다. 이게 없다면 삶의 기쁨이 없어 지루할 뿐인데 평생을 그리움이 남은 자의 가슴은 설렘이다.

남은 사랑으로

아직 남은 사랑의 힘이 있기에
내게서 멀리 있어도
그대 향한 진심은 변하지 않도록
마음 관리를 잘 하겠습니다

큰 비바람이 불어오고
강한 추위가 몰려와도

님 향한 첫 사랑의 그리움은
영원의 아침에 이르도록 간직하여
그날 거기서 만날 겁니다

님께로 부터 받은 에너지로
영혼의 울타리가 되었고,
황야와 같은 곳에서도 등불 되어
둥지를 틀 수 있어서입니다.

◇사랑을 하고 누릴 수 있음이 사람의 특권이다. 이것을 방해하는 것들과는 쟁취할 수 있도록 해야 한다. 삶의 에너지이기 때문이다.

내게 남은 그리움

해야 할 일을 찾는 것은
내게 남은 그리움으로
꽃 한 송이 더 피우기 위해서다

무수한 날을 보내는 동안
잊은 것과 잃은 것들,
품을 그릇이 너무 작아
멀리 떠나가고 말았다

그것들이 그리움의 향기 되어
가슴을 요동치게 하여
남은 에너지를 모으고 쏟아
꽃밭을 만들고 싶다

이 꽃 저 꽃의 손짓과
춤추게 하는 향기로 심취되어
영원의 아침을 맞이하겠다.

◇온전한 것은 없고 다만 그것을 이뤄보기 위하여 온몸으로 앙망한다. 이것이 삶의 목표이기 때문에 생명을 담보로 그리움의 그릇을 채워간다.

널, 데려가고 싶다

그대의 눈빛을 섬광처럼 만난 후
구부러진 마음에
곧은 길이 활짝 열리는 신비로
여기에까지 기경을 해 왔다

마음 밭엔 이미 싹이 움트기 시작하여
바람에 춤을 추며,
노래를 불러 멀리 보내는 마음

당신의 기운을 떠내 보낼 수 없어
준비된 자의 가슴으로
새벽부터 빈자리를 만들어 본다

보일 듯 보이지 않고
잡힐 듯 잡히지 않지만,
그래도 여전히 당신의 모습을 보며
영원으로 데려가고 싶다.

◇마음과 영혼을 살찌게 하는 것을 만나거든 목숨을 걸고 지켜내야 한다.
그것으로 풍요의 정원을 이룰 수 있어서다.

눈이 올 때면

계절을 알리는 눈이
하늘하늘 내린다
온통 새하얗게 옷을 입어
자연의 신비다

입었던 옷을 다 벗은
나무가지 사이에 쌓이면
새들도 신이 난다

새해를 맞이하기 전에
눈이 내리는 것은,
때 묻은 것들을 정리하여
옳게 되라는 의미다.

◇되돌릴 수 없는 세월이기에 새 해를 맞이하는 우리들은 더 큰 소망을 품어 행복의 바구니를 채워간다. 자연은 시각적으로 알려주는 선생님과도 같다.

2부

마음을 담은 꽃다발

다시 시작이다

오늘이 어제와 같게 할 수 없다
어제 드린 기도가 이루어지는 날이기에
한 걸음 더 나가야 한다

절벽이 눈앞에 놓여 있을지라도
로프를 만들어서라도
넘어야 하는 우리들이다

멀리에 있지 않을 언덕에서
시원한 바람에 높이 연을 띄워
소망을 빌었던 것들이
가슴 터지는 감격의 아침을 맞을
준비를 하고 있기에

다시 무릎에 힘을 주고
두 주먹을 불끈 쥐고 눈을 바로 떠
그 날의 감격을 맞이하자.

◇너무 쉽게 목표하는 것들을 포기하는 우리들, 너무 많은 상처를 받아서다. 그래도 일어서야 한다. 기회를 잃으면 다시는 오지 않는다.

당신만 있으면

그냥 홀로 있고 싶을 때
멀리 달아나보지만
여전히 거기에도 와 계시는 당신은,
질투쟁이

왜 그렇게 그러냐고 물으면,
내가 좋아서란다

당신과 나 사이는
항상 숨길 수 있는 비밀도 없으니
때로는 호사롭다

그냥 넓은 놀이터에서
힘차게 놀기만 하면 되는 아가처럼,
그의 섭리에 항상 감격이다.

◇내면을 바라보는 분을 만났다고 하는 것은 큰 축복이다. 항상 묻고 물어 해답을 찾으며 좋아하실 것만을 생각하여 기경해 나갈 수 있는 게 얼마나 큰 행복인가.

당신을 만난 후로

하루가 매우 지루했었는데
당신을 만난 후,
약속 날을 기다리면서
그렇게,
설레인 적이 없었습니다

많은 말을 나누지 않아도
오감으로 느끼는 따스한 마음,
잠자는 세포는,
신천지를 만난 듯
춤을 추게 되었습니다

따뜻해진 마음은
새 둥지를 이미 짓게 되고
다음 기념일을 정하여
기억될 잔치를 마련합니다
우린, 영원한 벗입니다.

◇한 사람은 한 인생이기에 소중하다. 인연으로 새로운 꿈을 갖고 둥지를 튼다. 아름다움을 추구하는 것은 사람에게만 허용된 신의 선물이다.

당신이 그 사랑

삶의 마지막 정거장에 머무를 때면
모든 게 굳어져 가고,
그렇잖아도 서글픈데
뒤틀린 모습이어
지탱해 줄 지팡이가 필요하다

길고 긴 세월 속에서
만났던 것들로 인해서 누리는 행복,
사람만이 이룰 수 있었기에
감사를 합창하게 하는 어르신들

하늘이 보내준 사랑을 이룬 고결함은
존귀함의 향기 되어,
자손들의 번영을 이어가게 한다

당신의 사랑으로!

◇요양원에서의 백발의 모습이지만 하늘이 준 영광의 모습이다. 온 마음으로 살아온 증거로 기울어진 노구(老軀)이지만 아름다운 것이다. 그를 향한 섬김으로 배워가는 인생이다.

당신이 그 사랑인가

영원한 미스테리인 인생,
그 위에 풀리지 않는 사랑 얘기는
인간의 모든 것을 대변하듯
항상 서성이고 있기에
가깝고도 먼 영원한 벗이다

겨울을 맞이하기 전에
가을바람과 함께 찾아온 당신은
빈 그릇을 채울 벗인가

이리저리 생각해 봐도
아침이슬처럼 맑은 영혼의 대화로
또 하나의 꿈을 이루기 위한
하늘의 선물인 것 같기도 하다

당신이 내 사랑이련가
그리움을 채워줄 영원한 벗되어
노을 물든 황혼에 이르자.

◇사는 것만큼의 행복은 없다. 홀로 살 수 없는 인생이기에 동반자를 만야 한다. 영원으로 이어갈 벗이라면 큰 은총이다.

돌아오지 않는 것들

세월 따라 가 버리는 것들,
누구의 탓이든
물릴 수도 돌이킬 수도 없다

가슴이 시리도록 울고픈
그 소중한 것들,
사랑과 우정, 그리고 벗들
그렇게 소중한 줄 몰랐는데
보내고 나니,
생명과도 같다

가끔은 꿈에서도 손짓하지만
애닳은 가슴만 태운다

다시 만나는 동무들은,
보물로 여겨 더 머물게 하겠다.

◇만남과 이별의 연습을 해야 하는 우리들, 호흡을 하고 있거든 떠나지 않기를 위해 양보와 이해, 그리고 절제가 필요하다. 이게 가장 큰 매력이다.

떠나가는 것들

인간의 타락은
곧 진리로부터의 거리감으로
어둠속으로 들어간다

시계는 잘도 보지만
나침판은 보지 않음으로
길을 잃어 가는 우리

영혼의 안테나는 접혀 있어
생명의 소릴 못 들어,
본질에서 떠나가는 사람들

탐욕과 교만이
영혼의 눈을 가리고 있어
요단강가로 가는데,
지금, 어디에 있는가?

◇진리 아닌 것으로 생명을 걸 수 없다. 개인의 명예를 얻기 위해서 양심을 파는 행위도 비판을 받게 된다. 영혼이 기뻐하는 일을 해야 한다.

떠난 님의 모습으로

그리움을 주려고
그렇게 떠나고 말았습니까
당신을 잃은 후,
사무치도록 보고픈 마음은
별이 되고 말았습니다

밤새도록 비춰주고 싶은 탓에
숨소리를 들으며,
님의 얼굴을 보고파서
그렇게 되었습니다

만날 약속도 남기지 않은 채
기약 없이 떠나간 뒷모습은
내 가슴의 기둥은 무너져
지금껏 일으켜 세우지 못하여
님 발자국 소리를 기다립니다.

◇영원히 바라보고 싶은 것을 심으려면 사람을 심으라고 한다. 그것은 곧 사랑으로 피어 나 그 마음 하나로 기도해 주면서 영원의 아침에 만날 수 있어서다.

마음에 오는 신호들

호숫가 주변을 거닐며
새들의 노랫소리에 흥겨워서
구름을 탄 듯,
환호의 탄성 질러야하는데
온갖 시끄러운 소식들

사방의 사건들은,
인간의 무지와 오류의 상처들로
울음이다

생명처럼 여겨온 것이었는데
탐욕을 이기지 못해 고통이다

영혼의 기쁨이 없으면,
악마가 주는 신호임을 알자.

◇매일 맞이하는 나쁜 뉴스들, 탐욕의 결과물이다. 명예를 소중히 여길 줄 아는 혜안을 얻는다면 재물과 영광을 누린다.

마음으로 전해지는 것으로

창조주께서,
사람에게 마음을 주신 것은
가장 깊은 곳에서 생성된
진리와 같은 것이어야 함이다

변질되지 않은 마음으로
감동의 물결을 일으킬 수 있어
사람에게만 주어진 보루다

눈과 손과 입은
남은 사랑을 전하는 도구로
그 완성을 이루게 한다
더 큰 아름다움을 위해

◇삶의 목표가 아름다움의 옷을 입지 않으면 허사다. 부귀영화보다 더 소중한 것은 진심을 담은 마음을 갖는 것이다. 이게 행복의 문을 열게 한다.

마음을 담은 꽃다발

꽃은,
마음을 표현할 가장 좋은
방법으로
향기와 예쁨이 가득 차 있다

보면 볼수록 기분이 좋아져
막힌 혈관이 뚫려
몸은 가벼워지게 하는 신비로
거부하지 않는다

꽃을 보고서도
기뻐하지 않는 사람은
감정의 샘이 말라
이미 죽어 가고 있는 것이다.

◇살아가면서 꽃다발을 선물로 받을 때가 많지 않다. 어쩌다 주고받는 꽃이라도 소중히 여겨 더 아름다워지기를 위해 노력해야 한다.

머문 그리움을 이어

담을 수 없어 보낸 것들이
지금에 와서는
주마등처럼 생각이 남은
그것들로 인하여,
조금 넓어진 그릇에서다

스쳐 보내면 후회하지 않고
보내어진 것들로 벗 삼아
보금자리를 채울 줄을 알았는데
커진 그 공간들

벽돌 한 장씩 쌓아
커다란 건물을 짓듯,
영혼의 안테나를 스치는 소리에
손을 내밀어 담아 본다
지나는 그리움을 담아보기 위해

◇사람에게만 주어진 그림의 공간, 그것이 무엇이든 간에 채워가면서 희열을 누린다. 곱고 아름다운 것들을 이어 간다.

머물고 싶은 곳

산에서 불어오는 공기를 따라
자극하는 흙냄새,
굳어진 마음 한 구석을 녹이는
고향의 자연,
옷고름을 풀어 자유를 누린다

텅 빈 예배당에 홀로 앉아
햇볕과 체온으로 온기를 높이지만
진리의 순간을 만난다

온 몸으로
남은 날들을 열화 같은 심정으로
이뤄야 할 숙제를 풀 듯
한 올 한 올을 이어 간다

자신을 만들어주는 작은 공간들,
그곳에 이르면 영원으로 갈 듯 하여
머물고만 싶다
지금, 어디에 있는가!

무너지지 않는 길

좋은 자리는 영원하지 않고
언제든 비워 줄 마음을 가질 때
위안을 받는다

영원한 왕좌는 존재하지 않고
그 자리에 오르기 위해
수많은 경쟁자들은 항상 존재한다

세상은 가혹한 승부의 세계이기에
적당히 내려놓을 때,
불안을 이겨 낼 수 있고
밤이 즐거울 수 있다

목숨처럼 여겼던 것들,
이것으로 세월을 낭비한다
추억 하나 얻은 것이기에
벗 삼아 노래하면 행복인 것을.

◇탐욕을 부려 무너지는 사람들을 본다. 지나고 나면 별 것 아닌 것임에도 집요함의 도를 넘는다면 낭패. 잠시 누리는 찰라적 인생일진데, 비움도 행복의 문이다.

무엇으로 행복한가

하고 있는 것들로
영혼이 기뻐하지 않는다면
행복하지 않다
과녁을 벗어난 화살은
다시 돌아오지 않듯이
인생도 마찬가지이기에
더 진실해야 하는 삶

거짓과 위선은,
더욱 황량하게만 한다

쓰레기는 청소되어야하듯
마음을 자리 잡은 악마의 요소가
해결되지 않으면,
행복의 창문은 열리지 않고
어둠의 자식으로 살 뿐

◇자신을 지킬 능력을 키워야 한다. 악마들은 항상 가까이에 있다. 타협하지 말고 비 진리인 것은 결별해야 한다. 가꿔온 행복을 지켜야 한다.

무엇을 하려는가

단 하루도 요란하지 않은 날이 없어
지구촌 곳곳에서 들리는 소리는
기쁨과 환희보다는
신음에 가까운 소리들로 가득하여
안타까울 뿐이다

사람으로 인해 만들어진 불순물들로
오염으로 쌓인 탓에
남은 것들조차 위협을 받는다

영혼의 안방만은 쓰레기로 채울 수 없어
창문을 더 굳게 해 본다

금방 시들어 버린다고 해도
고운 향기를 품어 내야 할 생애이기에
진리의 파수꾼을 입구에 세워
생명의 샘터를 잇는다.

◇사람으로 인해서 수없이 많은 소중한 것들이 망가지고 사라져간다. 나로 인하여 소중한 것들을 보호하고 지켜 가겠다는 생각을 갖자.

무엇하러 왔는가

삶의 방향을 정했는데도
갈등으로 인하여 생겨진 후회,
정체성을 잃은 채
갈 길을 다시 두드려 본다

진리의 깃발이 휘날리기를
온 몸 다해 앙망 했지만
사람들로부터 받은 실망감은
더 처절하게 한다

사람의 가치는,
정의를 바르게 세워 가면서
바른 길을 가려는 수고로움으로
더 큰 그릇되게 하지만
가끔 시궁창을 만나기도 한다

막혀진 귀와
흐려진 영안으로 인하여
수렁으로 들어가는 줄 모른다
더 늦기 전에,
하늘의 속삭이는 소릴 들어야한다.

벗 하나 찾으면

벗 하나를 찾을 수 있다면
모든 재산 보다 나음은
마음을 달래줄 수 있어서다

그 무엇으로도
구멍 난 곳을 메꿀 수 없어
들어오는 것으로 냉가슴이다

기댈 곳을 찾아봐도
닫힌 마음을 열수가 없다

온기 머금은 손으로
마음 전달할 벗 하나라면
남은 생명을 나누겠다.

◇널려 있는 것 같지만 마음 터놓고 얘기할 벗을 찾기는 쉽지 않다. 너와 나를 존중하며 아름다운 꿈들을 나눌 고귀한 우정은 보물과 같다.

벗이 그리운 가을

산 중턱에 자리한 카페,
커피 잔의 김이 사라진 것 같은데
머리를 숙인 채,
물끄러미 바라만 보고 있는 여인

가끔 몸을 가누기가 힘든 듯
이리저리 자세를 바꿔본다

떠나간 님을 잊으려고
마음을 달래려는 것일까

희미해진 등불 위로
물들여진 나뭇잎 위로 뜬 달
돌아갈 집은 있으나,
비어진 마음의 빈 곳을 못 채워
깊어 가는 밤과 흐느낀다.

◇누구든지 벗은 있어야 한다. 함께 웃음을 나누면서 슬픔을 달래야만 즐거운 인생이다. 떠난 벗이든 고이 보내어 다시 맞을 준비를 하자.

보내지 않았는데

파도가 밀려와
생동감으로 출렁이었는데
당신이 떠난 후,
온갖 쓰레기만이 쌓여
희미해지는 삶

아침 이슬처럼 영롱했던 날로
영혼의 악기는,
노래와 춤을 추게 했는데
둥지를 잃은 새다

빛나는 눈동자가 생각날 때
걸었던 숲에 머물러
깊은 생각에 잠길 뿐

보내지 않았는데,
가버린 네가 더욱 밉기만 하다.

◇수없이 많은 이별을 해야 하는 우리들, 작은 부딪힘으로 남은 상처들. 마음 문이 열린 것만으로도 행복의 시작인데 이별을 더 이상 연습 말자.

보낸다고 했는데

무감각으로 인한 무반응엔
그냥,
보내는 것이 마땅하다고 생각되어
바람에 실려 보냈는데
그 여운은 미련이 남아서다

다가와 만나는 것들로
소중한 추억을 벗 삼아 보려고
혼신을 다 하고 싶은데
주파수가 맞지 않아서
그렇게 정리가 된 줄 알았는데
가끔 구름처럼 나타나
빗방울을 뿌리고 간다

싹이 터 자랄 때마다
싹뚝 싹뚝 잘라 버리지만,
그 향수에 젖어 사는 게 인생이라며
자라난 잎들이
살랑이며 미소 짓는다.

◇인연 아닌 게 없다. 소중한 것이라고 여겨지면 목숨을 다 해 지켜야 한다. 사람으로 맺어진 인연은 더 귀하다. 호흡하고 있을 때에 아름다운 사연을 만들자.

봄

봄기운으로
겨울잠에서 깨어나는 동물들
굳은 흙속에서도 눈을 떠
세상 밖으로 나와
존재감을 알리는 식물들

그동안 견딜 수 있었던 것은
사랑을 기다려서다

그 기다림으로
사방에 핀 각양의 꽃들

주고받는 언어로 꽃을 피워내는
아름다움은,
오직 호흡하는 자만이 누리는
행복이다
봄은 생명을 잉태케 하는 신비다.

◇매년 맞이하는 계절이지만 해를 거듭할수록 신비롭고 감사하다. 쌓여가는 세월과 함께 영글어 가는 것들이 많아져야 하는 인생이다.

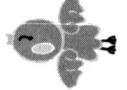

3부

속삭이고 싶은 것들

봄비는 사랑인가

땅과 하늘이 닫힌 지가 오래다
이로 인해
굳어 가는 가슴들,
봄의 문이 열리자마자
내리는 비로 잠자는 것들을 깨운다

돋아난 새싹들은 얼굴을 내밀고
하늘을 향하여,
늘어진 허리를 펴라는 신호인 듯
기분 좋은 빗소리

멀어져간 님의 발자국 소리도
봄 지나면,
다시 들을 수 있을까
꽃향기 담은 바구니를 준비한다.

◇순간순간이 사랑을 위한 세레나데를 맞을 준비를 하며 사는 게 삶이다. 자연의 소리는 인간을 위한 교향악단의 소리와도 같다. 여기에 반응을 하면서 성숙되어 간다.

빗속의 여인

어제는 솜이불을 덮은 듯
피어 오른 꽃잎들,
주저앉을 듯 수북한 모습에
탄성을 연발한다

이것을 시샘이라도 하는 듯
주룩주룩 내리는 비,
화들짝 놀라 더 참을 수 없어
큰 우산을 들고 나가
걷고 있는데

정숙한 모습의 한 여인이
속이 보이는 큰 우산을 받고
말없이 걷는다

주인에 이끌려 온 강아지가
비를 맞는 줄도 모르고.

◇아름다운 것은 속절없이 지나가 버리는가보다. 동절기를 보내고 봄인가 했는데 또 그렇게 보내야하나 보다. 더 하고픈 얘기들이 많은데!

사랑 싣고서

어디를 가든지
사랑 가득 담은 마음이라면
그 무엇도 두렵지 없음은,
그 안에 모든 게 있어서다

가다 보면
넘어야 할 산과 광야들,
그 사랑만 품고 있으면
큰 바람이 불어도
뛰는 심장소릴 들으며
노래하고 춤추며 넘을 수 있다

너와 나로 인하여
더 큰 미래를 열어 줄
그 큰 가슴을 품어
오늘을 열정으로 빚는다.

◇사는 게 아름다운 것은 꿈을 이뤄보기 위한 열정으로 터널을 지날 수 있어서다. 사랑 품고 있는 한 감동의 드라마를 엮어내듯 호흡하는 벗들의 세상이다.

사랑이 머무는 시간

아무도 밟지 않은 눈
선명한 발자국을 찍어보지만
얼마 후면 녹아
그 흔적은 사라지듯,
사랑을 보낸 것들도
언젠가는 그와 같다

행복했던 순간은,
영원에 머물기를 앙망하면서
이어지는 아름다움으로
그 소중함을 더 한다

호흡하고 있을 때만이
마음의 따스함을 전하기에
보다 순수하고 진한
영혼의 보물을 벗에게 보낸다.

◇사랑의 가치는 다 표현할 수 없다. 사람에게 허락된 이 하나의 결실을 위하여 다양한 모습으로 그 지름길을 찾는다. 왜곡된 사랑은 어둠을 산출하지만 진실된 것은 행복을 선물한다.

사랑한다고 하기에

거절 할 수 없는 사랑,
영혼과 가슴을 울리는
가장 큰 물결로 이루게 하여
삶의 의미를 갖게 한다

공개되어지지 않고
영원히 간직하고 싶은 것이라면
주저할 이유 없이
그대로 보듬어야 한다

나이와 세월을 불문하고
그 하나의 사랑은,
낭만적이고
아름다운 삶을 만들어 간다.

◇영원한 숙제인 사랑의 방법, 그것으로 성숙해져가면서 아름다움을 누린다.
가진 것들은 사랑으로 표출될 때 진리의 문에 이른다.

사연 깊은 추억의 출구들

지금의 순간은
내일을 위한 찰라이기도 하지만
지난날의 연속으로
담겨진 혜안으로 열어가는
행복의 둥지다

어떤 것은 큰 걸림돌 되어
한걸음을 뗄 수 없게도 했지만
지나고 나면,
어느새 다른 지점에 와
환희를 누리게 한다

시간이 지나면 출구가 나오듯
동굴을 터널로 생각하면
언제든 태양을 볼 수 있기에
소중했던 흔적들은,
그리움의 탑 되어 꿈을 꾸게 한다.

◇호흡을 하고 있는 순간 모두는 사연의 연속이며, 이것이 모여 보물창고가 된다. 생명 있을 때에 진리의 밭에 머물러 하늘의 소릴 들으면 큰 행복이다.

사연을 품은 구름

사람들의 마음을 다 안 듯
머물다가도
멀리 달아가는 구름,
온갖 사연을 품고
세월의 공간으로 끌고 간다

잊을 수 없고
잃을 수 없는 인생살이,
소중하지 않은 게 없는 데
수많은 의문점을 남기고
정처 없이 흘러만 간다

지나온 흔적들을 품고서
다가오는 날들은,
소박한 것들이 이루어지는
행복한 꿈을 가져본다
구름처럼 사라지겠지만!

◇살아가는 것은 가장 위대한 일이다. 크고 작음, 높고 낮음을 떠나 진솔한 삶을 엮어내는 그 신비로 행복을 누리며 산다.

세월의 강

이렇게도 길고 긴 세월,
수많은 사연들을 싣고서 떠나
지금의 강물에 떠 있다

고통
도전
사랑

어느 지점에 다다르면 앞산이 있어
더 달려야 한다고 하기에
무릎 닳은 줄도 모르고,
여기에 이르러, 대해(大海)를 본다

남은 때를 기약할 수 없지만
얻어진 혜안으로
노를 저어 앞으로 가기만 하면
사랑의 축제와
가슴 터지는 행복한 노래를
밤 지 세우며 부를 수 있다고
꼭 말해 주고 싶다

사랑 하나를 누리기 위해서
수많은 고통과 도전을 참고 참아
세월의 강을 건넌다.

◇호흡을 하고 있는 기간은 항상 도전이다. 어떤 장애물이 나타나도 이겨내기를 노력해야 한다. 여기에 삶의 진실이 있다.

세월의 정거장

세월의 존재를 알리는 것들,
산소와 햇빛, 바람 등으로
자연의 변화에 따라
성숙해 가는 사람들의 모습들,
세월의 정거장에 머문다

만나고 헤어지는 사연들로 인하여
향기로운 흔적들을 남겨
너와 나로 하여금,
추억 몇 편 엮으며 사라져간다

계속 되는 역사의 중심에 있으면서
호흡을 하고 있거든,
고귀하게 여기며 사는 것이
큰 행복임을 알아
스쳐 지나는 정거장을 따라
영원의 아침으로 달린다.

◇스쳐지나가는 정거장들처럼 우리의 인생도 그와 같다. 아름다운 모습으로 살아가기를 애를 써 고귀함을 누릴 때가 가장 큰 재산이며 행복이다.

소낙비 사랑

삶의 마당을 지나는 소낙비로
흠뻑 젖은 곳은
깊은 흔적을 남겨
수많은 사연을 남긴다

가끔, 맑게 열린 하늘기운으로
에너지를 뿌려
웅크리고 있는 생명들에게
다시금 기회를 준다

잠시 머물다 가는 사랑,
그것으로 영원을 품은 듯
꿈을 품은 그림을 꾸게 하여
아침을 맞이하게 한다.

◇잠시 스쳐 가는 것들이지만 영원의 아침으로 데려 가고 싶다. 가장 소중한 사랑은 생명과도 같아서 그것으로 만들어지는 인생이 행복이다.

소중한 인연들로 새 아침을

오늘은 어제의 기다림이었고
내일은 오늘의 소망 속에서
하루하루를 엮어 가
소망 속에 만들어지는 삶들

단 한 순간도 소홀히 할 수 없어
기도자의 모습이다

일년을 보려거든 꽃을 심고
십년을 보려거든 나무를 심고
평생을 보려거든 사람을 심는다

어떻게 만들어진 인생인데,
다가오는 인연들로
흩날리는 향기를 품고 누려
영원의 아침까지 데려 가고 싶다.

◇소중하지 않은 사람은 없다. 아름다운 것들을 소망하여 인생창고에 행복을 채우고 싶은 사람들만이 영원의 아침을 맞이한다.

속삭이고 싶은 것들

너를 만나 사연을 만들어
고귀한 추억된 것으로 담아진 둥지에
쌓이고 쌓인 흔적들,
어느 것 한 버릴 게 없어
생각나면 꺼내어
다시 더듬고 다듬어 간다

지금은 애닲은 것들 되어
영원에 이르도록 매일 속삭이고 싶다

그 무엇으로도 침범치 못한 아지트엔
오직 너 하나만을 데려가
아침을 맞이하기까지
나누고 싶은 것들로 오늘을 품는다

소중한 세월로,
새 아침의 비밀의 창문을 열어 간다.

◇하루가 쌓여 아름다운 추억된다. 어둠의 그림자가 드리워지지 않도록 영혼의 파수꾼을 세워 굳게 다져지는 삶의 터로 행복한 날을 잇자.

숲 속 밤

고저늑한 시각의 숲은
깊은 명상의 공간을 마련한다

세차게 불어오던 바람의 기운도
그곳에 이르면,
보드라운 실크와도 같다

새파란 잎을 자랑하던 숲은
한 해를 맞이하기 위해서
모든 옷을 벗고,
기운을 저장하는 신비는
태고 적부터 지금에 이르도록
모든 나그네의 벗이다

숲 속 길을 걸을 때면,
마음의 평화로 은총의 밭이다.

◇마음을 달랠 곳이 항상 곁에 있어야 한다. 그렇지 않고는 정신을 차릴 수가 없는 현실이다. 건강한 정신으로 세월을 누려야 한다.

스쳐가는 인연들

인연 아닌 게 있으랴
발등에 걸린 돌 하나도 다 그렇다
이유가 있기에,
그렇게 만났고 그로 인하여
성숙되었다

만나고 헤어지는 것들,
그 중에 사람과의 인연으로
희로애락이다

모든 게 스쳐 지나는 바람 같아도
그 중에 마음 따스한 것들로
곱게 맺어,
아름다운 추억 되게 하면
행복의 비단길을 걷게 한다.

◇수없이 만난 사건들로 하여금 발전과 성숙을 이루게도 한다. 보내야 할 것과 붙잡아야 할 것을 구별하여 또 한편의 추억을 이어가게 한다.

아무도 모르는 거야

사람을 평가하는 것은
큰 결례이고 어리석은 일이다
오랫동안 지켜보면서,
그 열매로 인한 결론이 나면
바른 평가를 받는다

학식이 아무리 많다 한들
온전한 사람은 없고
나이가 꽉 차 있어도
구멍 나 있는 곳은 많다

익어진 사랑이라고 해도
그 열매를 위한 열정을 모르듯
인생의 평가는,
죽어서나 조금 알아간다

호흡을 하고 있을 때,
더 사랑해 주는 게 사람의 몫일 뿐.

◇나이가 더 할수록 부족함을 항상 느끼기에 말수가 적어진다. 배움은 끝이 없기에 적당한 선에 오르면 자학(自學)하여 곱게 익어 가는 게 인생이다.

아직 담을 그릇으로

당신이 부르다 멈춘 노래를
이어 가기 위해
나 여기에 있는 것으로
그 맥을 대신합니다

조금은 부족한 게 있어도
깎아 내고 털어내어
그 고귀한 정신을 담아
퍼 나르고 있습니다

아직, 담을 그릇이 있으니
멈추지 않는 은총을
더 담아내어
하늘꽃을 피워내겠습니다.

◇땅과 하늘의 뜻을 찾아 필요한 벗들을 품는 것은 큰 은총이다. 행복의 우물터를 만나게 한다면 이보다 더 큰 보람은 없겠다.

안녕, 내 사랑

쏜살같이 가고 마는 것들로
가슴앓이를 해 보지만
절대 멈추지 않는 세월,
그 안에서의 온갖 희비로
그림을 그려 내야하는 우리

사랑해야 할 것과
이별해야 할 것들을 구별한다

온갖 정성을 쏟고 심어
그 하나의 열매로
행복둥지를 채우기 위해서 인대
이루지 못할 사랑이라면
보내어,
다시 아침을 맞이하겠다.

◇하루하루가 세월 되어 서글프지만 행복의 문을 열게도 한다. 세월의 배에 실려 목표점에 이를 때면 행복의 둥지의 깃발은 더욱 선명해야 한다.

앞산 뻐꾸기

가로등불 아래 걷는 숲 속
뻐꾹 뻐꾹 뻐꾹
잠 못 이룬 벗들에게
자장가라도 삼으라는 듯
고요하게 들려준다

둥지의 문을 살짝 열어
사연 많은 친구들을 위한
오늘밤 사랑의 세레나데는
솜이불만큼이나 부드럽고
살포시 덮는 그 소리
어쩜, 새벽이슬과도 같다

작은 둥지에서 나오는
그 소리는,
영혼을 울리는 종소리다.

◇수없이 많은 말을 하고 살지만 영욕을 위한 것들이 많다. 진리를 알려 주는 자연의 모습을 배우고 닮아야겠다.

얼굴 살짝 내밀고

그렇게 오랫동안 기다렸는데
얼굴 살짝 내밀고서,
여린 바람과 빗방울로
그렇게 쉽게 져 버린 봄꽃들

나뒹구는 꽃잎 밟기가 슬퍼
제자리에 서 있을 뿐

내년을 기다릴 수 있지만
기약 없는 인생들의 슬픔을 아는가
생명들에게 깨우침을 알리는 듯
오늘도 바람에 춤출 뿐

가고 오는 세월 속에
만나고 헤어지는 것을 반복하며
오늘의 축제를 즐긴다.

◇꽃잎과도 같은 인생살이는 향긋함 조금 날리듯 우리도 그와 같을 뿐. 주어진 환경에서 축제를 누리는 지혜로 행복의 둥지를 짓자.

열어가는 미래

지금까지 쌓아온 내공으로
미래를 열어야
꿈이 실현되어진다

단 한 순간의 실수도 용납지 않기에
온 몸을 불태워 온 세월로
용감하게 두드려 본다

더 이상의 연습은 필요 없다
지금껏 수련된
교훈과 지혜의 통찰력으로
행복의 문을 열어,
온 몸의 감격을 누리고 싶다.

◇사람에게만 있는 꿈의 비젼은 이루라고 있는 것이다. 그 어떤 미션이라도 시도해야 한다. 영혼이 기뻐하는 일이라면 더더욱 그렇다.

영혼의 닻을 펴

무뎌진 때를 만날 때면
마음과 영혼의 마당에서는
온갖 잡풀들이 자라
보는 것을 방해한다
진리적 삶은 멀어지고,
삶의 기준은 흔들린 채
세월 따라 가게 된다

이렇게 살려고
지금껏 땀을 흘린 게 아닌데
조직 속에 묻어진
접착제와 같아야 하는
흑암의 논리에
놀아나는 이성들,
접어진 영혼의 닻은
더욱 녹슬어 간다.

◇집단이기주의로 인해서 비뚤어지는 사람들을 본다. 그렇게 살 사람이 아닌데 묻어가는 것을 보면 참으로 안타깝다. 영혼이 기뻐하지 않으면 탈출해야 한다.

영혼의 등불을 켜

기다릴 수 있는 것들로
행복의 문이 열려
영혼의 아랫목을 정리한다

스쳐 지나는 것으로
마음 상하지 않아야만
싹을 틔울 수 있기에
옥토 같은 마음을 다진다

틈새로 들어오는 것들,
영혼의 필터링으로
품어 낼 수 있음은
영혼의 등불이 있어서다.

◇곳간을 허물려는 것들인 탐욕, 미움, 경쟁 등으로 메말라가는 가슴들, 지나고 보면 그렇게 필요한 것들이 아니었음에도 순간의 판단 미숙으로 후회를 한다. 영혼의 등불만큼은 항상 켜 있어야 한다. 그래야만 은총들이 담긴다.

4부

그 한 사람을 만나

오늘은 그리움으로

나이를 더 할수록
그리움도 커지는 가 보다
그냥 스쳐 보낸 것들도
그게 가슴 한 켠에 남은
흔적일 줄이야

보내어진 수많은 것 중에
아직도 그리움이라면,
다시 찾을 수는 없지만
소중히 여겨,
은총으로 간직하고 싶다

이러한 이유로
작은 인연이라 해도
소중히 여겨짐은,
보내어진 세월이 많아서일까
곱게 빚을 오늘이다.

◇인연 아닌 게 없다. 그것으로 도전하고 성장된다. 부지(不知) 중에 천사를 맞이할 수 있다는 마음으로 정성 다하여 씨앗을 뿌리는 농부처럼 곱게 빚어야 하는 우리다.

오늘의 행복

무엇하러 왔는가 하는 자문에
오늘의 행복을 누리기 위해서다

해야 할 일이,
눈 뜨자마자 마중한다
꿈에서도 할 일을 알려 줘
정해진 시간보다 일찍 일어난다

기다리며 할 일이 있는 것은
큰 행복이다

더 늙어지면,
모든 것이 떠나기 시작하여
고목과도 같아
아침을 맞이하기가 미안하기에
오늘은 행복바구니다.

◇모두가 노인이 되어 간다. 모든 것을 얻은 것 같지만 잃어간다. 지금의 세월을 누리지 못하면 보장되지 않는 게 행복이다.

오월의 행복

나무마다 푸른 옷으로 바꿔 입고
산언덕에 피어 오른 꽃들의 향기로
가슴 설레게 하는 오월,
가정에서 나누는 웃음꽃으로
행복의 바구니는 풍성하다

자녀들은 부모를 만나 꿈을 키우고
부모는 자녀들을 축복하기 위하여
모든 에너지를 쏟는다

잘 자라고 성장하여,
선한 일들을 꿈꾸며 존경과 사랑 받아
건강하기만을 소망하는 부모들

자연의 섭리인 듯,
태어나고 성장하여 늙어 가는 게 인생이고
이로 인하여 잠시의 행복으로
은총의 땅을 일궈 가는 우리 인생들,
하늘이 보내준 영원한 벗이다.

이대로 가려는가

구름에 달 가고 바람에 실려 가듯이
청춘의 꿈 하날 이뤄 보기 위해 살아간다

가끔은 작은 것에 치어
무릎이 깨지고 상해진 심령이었으나
일어서 또 달린다

크게 이뤄 놓은 게 없어서
맺힌 한,
온 몸부림을 해 보지만 차지 않는 욕구

자위를 해 보지만 보낼 수 없는 세월,
어떻게든, 실려진 세월에
경적을 울리며 다시 소리쳐 본다
이렇게는 보낼 수 없다고.

◇가는 세월이 참 무섭도록 빨리 달린다. 소망을 이루기 전에는 보낼 수 없다한들 듣지 않고서 그냥 달려가는 데, 기도를 잃지 않으면 꿈의 항구에 이르리라.

인생 마켓팅

누구든,
성공적 삶을 추구한다
무엇이 거기에 이르게 할까?
짧지 않은 세월 속에서
값진 인생수업료를 지불한다

행복을 이룰 셈법으로
무지갯빛 꿈을 꿔
온 땀을 다 해야 하는 삶

호흡 하고 있을 때,
영혼 깊은 곳에서 소리치는
그 하나를 위해 기도하면
오아시스를 만나겠다.

◇성공은 곧 행복이다. 이를 위해 큰 댓가를 치러야 한다. 공짜로 얻어지는 것은 소용없다. 치밀한 전략이 있어야만 보장되는 게 있을 뿐!

잊을 수 없는 것들

좋고 나쁜 것들로
다듬어 지는 인생살이는
추억의 페이지를 메꿔
혜안으로 남는다

버릴 것과 가질 것을
깨닫게 하는 진리들,
깊이 새겨진 것은
영혼의 길잡이가 된다

잊지 못하여
사랑해야 할 게 있음은
꼭 이루라는
하늘의 명령인가 보다.

◇사람만이 소망을 가질 수 있다. 남아 있는 것이 있다면 호흡하는 기간도 길어진다. 선하고 아름다운 것을 찾아 주어진 명령을 이뤄야 한다.

자족의 비법으로

그렇게 눈부시던 열정
아름답던 청춘
영원할 것과 같은 사랑,
그 무엇도 막지 못해
변색되어지고 떠난
무심한 세월은,
제 갈 길을 가고 만다

가지고 갈 것이 없다면서
멈춰진 정거장이라면,
모든 것을 털어
행복 바구니를 만들라며
시청각적으로 보여 주면서
기적소리 울리며 떠난다

나는 어디에 서 있는가!

◇온전하여 영원한 것은 없다. 지금 있는 것으로 만족하여 감사하면 행복이다. 영원할 것처럼 여긴 것은 모두 허사다. 자족을 비법을 배우고 누리면 된다.

지금 머문 자리

잠시 머문 곳에서
향기를 품어
벗들에게로 보내지 않으면
후회할 시간도 없다

성실과 진실로 입혀진
소중한 인생,
이것으로 쌓여가는 소망은
은총의 바다

아무도 기억하지 않아도
전해진 사랑으로
가슴 따뜻해진다면
그 사명을 다 한 것이어라.

◇먼 훗날, 아무도 기억해 주지 않아도 전해진 사랑을 이어 간다면 사람으로서의 사명을 다 한 것이기에 세상은 더 아름다워 간다.

지금이 보물과 같아

수없이 많은 세월 속에
새겨진 흔적들,
순간의 지우개로 사라질 때면
아기와 같아
사선(死線) 앞에 와 있다

잠시 보이다 떠나는
하늘의 구름만큼,
소중하다 여겨진 인생인 우리
아우성을 치다가
그렇게 되어 간다

움직일 수 있을 때에
더 큰 마음으로
사랑을 노래하고 실천하여
그 속에서의 꿈을 심어
보물처럼 잇게 하자.

◇모두가 노인이 되어 간다. 그것 또한 축복이지만 이뤄진 것들은 열정에서 일궈낸 보물들이다. 따뜻한 가슴일 때에 빛나는 삶을 일궈야 한다.

지나가는 기회

봄이 되면,
벌과 나비와 새들은
짝을 찾기에
온 힘을 기울인다

한 눈 팔다가
그 기회를 노치면
돌이킬 수 없다

잠시 누릴 세월,
노래하고 춤을 춰
행복의 둥지로
영원으로 이어 간다.

◇사람에게만 소망을 이룰 기회가 온다. 이것을 준비하지 못해 지나가게 한다면 그 기회는 쉽게 오지 않는다. 성실을 반찬 삼아 꿈을 이루자.

채워야 할 당신의 향기

당신이 심어준
그 향기가 다 날아간 탓에
마음 밭엔,
잡초들만 무성하여
님의 발소리를 기다립니다

한번 돌아선 그 뒤로
계절이 몇 번 바뀌도록
소식을 끊은 것은,
향품을 구하지 못해서인가요

님의 눈으로 나오는
마음의 빛이 꺼지지 않았다면
그냥 오셔도 됩니다
새 카렌다가 도착할 때 쯤
첫 찻집에서,
밝힐 촛불을 켜 놓겠습니다.

◇살아가는 이유가 많지만 사랑을 누리기 위해서다. 그것으로 모든 것을 대변하게 하는 삶은 더욱 풍요로운 것들로 열매 맺게 한다.

첫 눈 내리면

첫 눈 내리는 날이면
같이 걷고 싶은 사람이 있다
못다 나눈 이야기를
큰 우산 속에 들어 가
소곤대면서 말이다

품은 사랑을 나누라는 듯
지나온 삶처럼,
두 발자국을 남기하면서
하늘하늘 내리는 눈,
가느다란 연인들의 허리처럼
황량한 세상을 밝힌다

속삭이고 싶은 연인은
저 멀리로 갔으나
지난 것은 고이 간직하고
곁에 있는 벗들로
고귀한 추억을 만들고 싶다.

◇아름다운 추억으로 만들어 가는 인생은 곧 오늘과 내일의 열매를 맺게 한다.
지나간 것은 지나간 데로 아름답다. 다가오는 것으로 행복의 창고를 채우자.

청소되어야 할 것들

약자를 업신여겨
인권을 유린하는 행태,
우월감을 드러내는 촌부들
비하된 발언으로
모욕감을 주는 행위들,
사람의 가치를 몰라 짓는
큰 죄악이다

흑암의 혈맥으로
고치기가 힘든 부류들이어서
빛과 어둠의 존재를 알려
버려질 대상들이다

생명을 소중히 여겨야
그만한 대우를 받게 된다
쓰레기는 쓸모없듯,
하늘이 청소를 할 수 있다.

◇비인격적인 대접을 받을 때가 있다. 죄의 노예들이기에 머지않아 그 댓가를 받기에 너무 슬퍼 말아야 한다. 차원 높은 인격으로 진리를 사랑하면 된다.

초콜렛 같은 인생

가슴 터지는 행복일 때는
지금 죽어도 여한이 없다지만
찬바람이 좀 불면,
공기 빠진 풍선처럼 된다

삶이란 게
항상 좋은 날만은 허락치 않는다
고통의 언덕을 올라야
먼 평야를 만나기도 한다

눈물 흐른 뒤에 오는 환희
감동으로 오는 행복,
그 순간은 삶의 진실이기에
잠시의 고통은 넘어간다.

◇살아가는 데에는 왕도가 없어 그냥 순간순간을 최선을 다 하면 된다. 고통의 주는 것들도 그 앞에서 물러가기도 한다. 이게 삶의 신비다. 이 맛에 살아간다.

편지는 계절을 전달하고

그토록 많은 세월을 보낸 후
다시금 펜을 들어
남은 사연들을 옮기면서
수없이 생각나는 인연들은
계절의 열매를 이어 가게 한다

창가에 스쳐 지나는
그림 같은 수많은 사연들,
계절로 인한 제각각의 변화는
빛과 흑암으로 나타나
감사와 열정을 터지게 한다

이른 아침,
행복을 점검하기 위해
생각의 창고를 펜으로 열어 본다

하고 싶은 것의 목록들,
그것이 영혼을 춤추게 하는가?
이 질문으로,
떠오르는 태양을 맞이한다.

하늘의 신호들

뚜렷한 계절만큼 선명한 신호들,
여벌옷을 챙길 틈도 없이 다가와
하고픈 사인만 보낸 후
또다시 저 멀리로 달아간다

비어진 가슴을 채우기도 전에
의미 하나를 던져
나랑 함께 가자는 그 소리를
담을 수 없어 흐느낌이다

정직하게 찾아오는 계절들,
게으른 자에게는 줄게 없다면서
손 내민 자에게만 집힐 듯
흔적도 없이 떠나간다

따스한 피가 흐르고 있을 때
잡을 수 있는 것들로
영원에 이르러서도 후회하지 않을
은총을 누리라고 한다.

항구의 아침

찰싹이는 파도소리,
물안개는 항구를 맴돌고 있고
품어 나오는 굴뚝연기는
사람들의 시선을 사로잡을 때
잠자는 벗들을 깨우기라도 하는 듯
얄 궂게 도착한 카페리

가슴 상한 자들에게
치유의 은총을 베풀기 위해
일찍부터 조성된
발길 뜸한 작은 섬의 아침은
부지런한 바다 갈매기 소리로
합창을 이룬다

찾아온 벗들은 밤새
가슴속 얼음장들을 허물어
또 다른 별장을 만든
새 날을 맞이한 아침의 고요는
속삭인 밀어(蜜語)들을 잇게 하는
영원한 친구다.

그대랑 함께 할 수 있다면

님께서 더 행복해 질 수만 있다면
봄 동산에 핀 꽃을 모두 꺾어
그대 마당에 장식을 해 주고 싶다

한번 가 버리면
절대 오지 않는 인생살이 이기에
꽃향기로,
나랑 노래를 부르고 춤을 춰
영원의 아침으로 달리고 싶어서다

지금껏 살아온 저력으로
힘과 지혜들을 포개어
꽃 향내음 품어 내는 꽃처럼
또 다른 벗들에게까지
전해지기만을 소망해 보는 아침

이게 사는 이유이기 때문이어서.

◇꽃은 피고 지고를 반복하지만 인생살이는 단 한번뿐이다. 최선을 다하여 아름다운 것들을 남기고 가면 된다.

항해의 은총

얼마를 가면 다다를까
각종 암초들,
예견을 해 가면서
닻을 올려
멀고 먼 길을 간다

한 모퉁이를 지나면
만나지는 것들,
그것으로 인하여서도
성숙을 이룬다

키를 잡아
방향을 돌릴 수 있을 때가
행복을 노래할 수 있어
오늘도 은총의 큰 바다다.

◇그 어떤 시험들도 호흡을 하고 있을 때이다. 넘지 못한 시험은 거의 오지 않으니 성실로 기경하여 목표한 곳에 다다르자.

황금빛 태양의 신비

뉘엿뉘엿 넘는 서산의 태양은
황금빛을 발산하여,
갇혀 있는 영혼들을 위한
신비의 퍼레이드로
자유와 환희를 선물한다

멈춰진 구름은 새 옷을 입어
가던 길을 멈추게 하여,
그 자태를 마음껏 펼친다

온 나그네들을 멈추게 하여
연발하는 환호성으로
새털 같은 가슴들을 만들어
묶은 것들을 날리게 함은,
자연이 주는 은총이다.

◇인간의 한계를 깨닫게 하는 신비로운 것들은 많다.
 그것으로 겸손을 배우며 쉼과 자유를 누리게 한다.

우리가 사랑한다는 것은

한 생명은 온 천하와도 같기에
나를 사랑함과 같이
그대의 생애를 사랑합니다

하는 일이 무엇이든지간에
그것으로 인하여,
큰 보람과 행복을 누릴 수 있도록
마음 다 해 응원함은,
사랑의 품위와 권위를 지켜
사랑의 씨앗 되기 위해서입니다

서로 사랑하며 살아가는 게
삶의 의미이겠고,
이를 지켜 가기 위해 몸부림합니다

여전히 그대를 사랑합니다
세월이 가고 눈보라가 친다 해도

◇가장 소중한 것은 자신의 생명이다. 목숨을 걸고 도전해 오는 것들과 싸워 이겨야 한다. 삶이 가장 숭고하기 때문이라.

그 한 사람을 만나

밝고 건강한 정신
맑고 청량한 마음을 가진 사람,
아침에 일어나면
이슬 맺힌 풀잎 같은
초롱한 눈망울을 띤 사람

세파에 흔들리지도 않고
가진 것으로도 충분히 행복하다며
나누면 더 기뻐하고,
손을 잡은 듯 춤과 노래로
남은 생애를 축복하는 사람

뭔가 조금 다른 것을 가진
빛나는 별처럼,
감출 것도 없고 허영심도 없는 사람

그 한 사람을 만나고 싶다
그 한 사람이 되고 싶다

바로 그 사람이라고 언제 말 하랴

김보현 시인의 작품 평설

영원한 벗으로 남고 싶은 사랑의 노래

김 성 구
시인, 문학평론가, 철학박사

　시인들이 가장 선호하는 시어는 '사랑'이다. '사랑'이란 주제는 나이와 세대를 구분하지 않고 쓸 수 있는 시적 장르이다. 청음 김보현 시인은 사랑이란 "가고 오는 것"이라고 정의한다. 멈출 줄 모르고 시간을 끌고 가던 시계도 멈추고, 죽지 않고 영원히 행복하게 살 것 같은 인생도 예측할 수 없는 어느 날 갑자기 정지된다. 인생이 이렇듯 영원히 함께할 것 같은 사람도 영영 떠나보낼 때가 있고, 또 다른 인연이 다가와 새로운 이야기를 만들어간다. 인생은 그렇게 이별과 만남이 반복되는 것이니, 우리가 서로 깊은 우정을 쌓아 선한 흔적을 남기자고 제안한다.
　김보현 시인은 사랑이란 시어를 제일 많이 사용한다. 본 시집에서 청음시인이 주로 사용하는 시어들을 정리해 보면 다음과 같다. 사랑, 사람, 벗, 어제, 인생, 영혼, 아침, 우리, 오늘, 사람, 인생, 꿈, 소망, 그리움, 향기, 계절 등 주로 긍정적이며 현재적인 시어들을 선택하고 있다. 오늘을 살아가는 삶의 현장에서 어제의 시간들이 오늘에 어떻게 영향을 미치면서 변화의 시간을 만들어가는지에 대한 고백과 더불어 시인의 사랑을 찾아 노래하고 있다.

청음의 시집에 등장하지 않는 시어들이 있다. 그것은 근심, 걱정, 아픔, 죽음, 질병, 괴로움과 같은 부정적인 시어들이 없다. 슬퍼하며 울고불고 하며 눈물을 짜는 노래도 없다. 그것은 시인의 삶이 아름답고 긍정적인 삶을 살아가고 있기 때문이라고 할 것이다.

    이별은 또 다른 만남이지만
    보내는 가슴엔,
    눈물로 메워지는 순간이다

    아직 남아 있는 친구들,
    쌓여진 우정의 꽃을 피워
    선한 흔적 하나 남기자.

      -「가고 오는 사랑」 중에서-

사랑은 멈추지 않는다. 사랑은 일방통행을 할 수 없다. 진정한 사랑은 가고 오는 사랑이기에 그 사랑이 떠나기도 하고 새로운 사랑으로 다시 돌아오기도 한다. 시인이 사랑을 보면 뜨겁게 솟아오르는 감정을 표현하게 된다. 사랑은 표현이다.

    너를 만난 후부터
    몽실몽실 피어 오른
    아기 민들레꽃 향기 맡으며
    꿈 속 비단 위를 걷는다

      -「계속되는 프러포즈」 중에서-

첫사랑은 사랑이 내게로 처음 찾아온 것을 말한다. 청음에게도 첫사랑이 있었다는 고백을 하고 있는 것이 아닐까. 사랑이 내게로 왔는데도 말하지 못하고 흘려보냈다는 후회가 아닐까? 세월이 흘러도 잊을 수 없는 것은 왜일까? 그냥 가까이 나의 친구로 남아 있으면 안 되었을까? 그 사랑을 알아차리지 못하고 떠나보내고 난 후에 그 이름 부르며 후회한들 위로가 되겠는가. 지금은 빈집같이 텅 빈 채로 삭풍에 에이는 가슴만 남아 있을 뿐이었다. 잊을 수 없는 그 이름은 영원한 벗으로 남겨진 채 인생여정은 계속되는 것이다.

> 만나고 보낼 때마다
> 그게 첫 사랑이었을 만큼
> 온 맘을 다 했는데
> 그것을 알지 못해서일까
> 항상 텅 빈 가슴이다
>
> -「그게 첫 사랑이었음을」 중에서-

> 보내고 난 뒤에야
> 후회하는 것들이 남아
> 가슴을 에이게 한다
> -「그냥 말 할 것을」 중에서-

> 지금, 이름을 기억하면서
> 영혼의 거울에 그려진 얼굴로
> 보고픔이 있을 때,
> 그냥 벗으로 남아 있으라.
>
> -「그냥 벗으로 남으면」 중에서-

시인의 사랑은 봄부터 시작되었다. 그 사랑, 풋풋한 청보리 같은 사랑. 봄바람에 살랑거리며 한여름에 작렬하는 태양처럼 이글거리며 불타오른다. 잘 익어가는 가을 과일처럼 달콤했던 시간은 어느 순간 초겨울 매서운 바람에 흩날리는 낙엽이 되어 날리는 것은 웬일일까? 시인의 그 사랑은 낙엽 따라 가버린 사랑이다. 그것은 잊힐 수 없는 차가운 겨울일지라도 뜨거운 피가 흐르는 동안은 로맨스의 날이었다. 님 향한 첫 사랑의 그리움은 영원한 날에 이르도록 간직하고 싶기 때문이다. 사랑은 삶의 에너지이다. 그 사랑은 영혼의 울타리가 되었고, 황야와 같은 곳에서도 등불 되어 둥지를 틀 수 있도록 하였다. 청음 시인의 그 사랑은 삶의 원동력인 것이다.

봄부터 시작된 사랑이
잘 익어 가는 듯 했는데
초겨울의 바람으로
힘없이 떨어지는 낙엽처럼
멀어져만 간다

-「낙엽 따라 가는 사랑」 중에서-

따스한 피가 흐르는 동안은
로맨스의 날,

-「남아 있는 로맨스」 중에서-

님 향한 첫 사랑의 그리움은
영원의 아침에 이르도록 간직하여
그날 거기서 만날 겁니다

님께로 부터 받은 에너지로
영혼의 울타리가 되었고,

황야와 같은 곳에서도 등불 되어
둥지를 틀 수 있어서입니다.

- 「남은 사랑으로」 중에서-

해야 할 일을 찾는 것은
내게 남은 그리움으로
꽃 한 송이 더 피우기 위해서다
-중략-
이 꽃 저 꽃의 손짓과
춤추게 하는 향기로 심취되어
영원의 아침을 맞이하겠다.

- 「내게 남은 그리움」 중에서-

 세월의 정거장에서 섬광처럼 빛나는 그대의 눈빛은 비틀어져버린 마음의 길이 활짝 열리는 기적을 통해 오늘날까지 살아올 수 있었다 시인의 마음 밭엔 이미 싹이 움트기 시작하여 바람에 춤을 추며, 노래를 불러 멀리 보내는 마음, 당신의 기운을 떠내 보낼 수 없어 준비된 자의 가슴으로 새벽부터 빈자리를 만들고 있다.
쌓인 눈은 기온이 올라가면 녹아 알맞은 곳에 스며들어가지만 사람의 그리움은 계속되어 가슴을 녹여 영혼 속에 남는다.
 청음 시인은 진정한 사랑을 만났다. 지금까지 함께 해온 사랑을 소중히 여기며 그 사랑이 첫사랑, 곧 유일한 사랑으로 고백한다. 난 너와 함께 영원한 아침을 맞이하고 싶다고 말이다.

아직, 따스한 피가 흐를 때
더 깊은 사연들로

    감격을 담을 바구니를 채워
    영원의 아침으로 가면 좋겠습니다.

    -「나랑 다시 꿈을 꾸세」 중에서-

  청음시인의 사랑은 가슴 속 깊은 곳에서 향기를 발하는 그리움으로 안개 되어 덮어버린 정숙한 여인이다. 그녀가 빗속으로 걸어오고 있다. 이 비는 봄비인가, 겨울비인가, 아니면 소낙비인가. 그녀가 쓴 우산은 속보이는 우산이다. 그녀의 웃음은 쏟아지는 빗속에서도 우산 속에서 밝은 광채가 난다. 무지갯빛이라 하면 과장법이 심했다고 할지 모르지만 그렇게 빗속의 여인은 시인의 가슴을 평생토록 설레게 하였다. 그러나 그렇게 바라만 볼 뿐 말로 표현을 다하지 못하고 보내온 세월은 한없이 흘렀다. 사랑은 머물러 있지 않는다. 사랑은 소낙비처럼 내리고, 강물처럼 흘러간다. 사랑의 비가 내리면 우산을 쓰지 말고 흠뻑 젖도록 하라. 사랑의 강물이 흐르기 시작하면 강물에 빠져 물고기가 되어라. 시인의 사랑은 강물을 바라보고만 있는가?
  사랑이 머물러 있는 시간은 얼마나 될까? 사랑을 붙잡아 놓을 신은 없다.

    정숙한 모습의 한 여인이
    속이 보이는 큰 우산을 받고
    말없이 걷는다
    -「빗속의 여인」 중에서-

    가다 보면
    넘어야 할 산과 광야들,

그 사랑만 품고 있으면
큰 바람이 불어도
뛰는 심장소릴 들으며
노래하고 춤추며 넘을 수 있다
-「사랑 신고서」 중에서-

아무도 밟지 않은 눈
선명한 발자국을 찍어보지만
얼마 후면 녹아
그 흔적은 사라지듯,
사랑을 보낸 것들도
언젠가는 그와 같다
-「사랑이 머무는 시간」 중에서-

청음시인에게서 '속삭이고 싶은 것들'은 무엇일까? 사랑을 지키기 위해 몸부림을 치고 살아간다고 고백한다.

너를 만나 사연을 만들어
고귀한 추억된 것으로 담아진 둥지에
쌓이고 쌓인 흔적들,
어느 것 한 버릴 게 없어
생각나면 꺼내어
다시 더듬고 다듬어 간다

지금은 애닮은 것들 되어
영원에 이르도록 매일 속삭이고 싶다

-「속삭이고 싶은 것들」 중에서-

서로 사랑하며 살아가는 게
삶의 의미이겠고,
이를 지켜 가기 위해 몸부림합니다

여전히 그대를 사랑합니다

세월이 가고 눈보라가 친다 해도

-「우리가 사랑한다는 것은」 중에서-

뭔가 조금 다른 것을 가진
빛나는 별처럼,
감출 것도 없고 허영심도 없는 사람

그 한 사람을 만나고 싶다
그 한 사람이 되고 싶다

바로 그 사람이라고 언제 말 하랴

-「그 한 사람을 만나」 중에서-

 청음시인은 그가 추구하는 소중한 사랑을 지키기 위해 그 한 사람을 만난 것을 행복이라 노래한다. 사랑을 만나 사연을 만들고, 그 사랑이 고귀한 추억이 되어 쌓여가는 흔적들, 그 어느 것 한 버릴 게 없다. 서로 사랑하며 살아가는 것이 삶의 의미이며, 이 사랑을 지키는 것은 가장 소중한 것이다. 그 사랑은 여전히 변할 수 없다. 세월이 가고 눈보라가 친다 해도 그 사랑은 변할 수 없다고 고백을 노래를 부르며 시인의 맑은 소리는 북서울 꿈의 숲처럼 푸르다.
 그 사랑은 빛나는 별처럼, 숨길 수 없는 아름다움이요, 허영심도 없는 그 한 사람을 만났다고 고백하면서 시인이 스스로 자신도 그런 사람이 되고 싶다는 독백으로 청음시집 6권을 마무리 한다.
 청음의 시는 밝고 긍정적이다. 희망의 메시지들을 전하고 있다. 그 메시지를 전하는 사람, '그 한 사람'이 되어보려고 사물을 꿰뚫어 보면서 진리를 찾아내고, 시로

승화시킨다. 고뇌의 시간을 보내지만 행복하다. 별처럼 빛나는 사랑을 만난 것을 깨달은 순간부터 자신의 곁에 머무른 그 별이 지지 않도록 그 사랑에게 더 깊은 사랑이 되기 위해, 너에게 영원한 벗으로 남아 있을 그 한사람이 되려고 숙성의 시간들을 채우고 있다. *